UPSLA! Kann ja mal passieren
© Baeschlin, Glarus 2019
Gestaltung: AS Grafik, Urs Bolz, Ziegelbrücke
Druck und Bindung: Grafisches Centrum Cuno, Calbe
ISBN: 978-3-85546-352-7
Alle Rechte vorbehalten.

Besuchen Sie uns im Internet: www.baeschlinverlag.ch

Baeschlin wird vom Bundesamt für Kultur mit einem
Strukturbeitrag für die Jahre 2016–2020 unterstützt.

Produziert mit Materialien aus nachhaltiger Forstwirtschaft
und mit lösungsmittelfreier Farbe gedruckt.

Carla und Janice Lienhard
Sarah Rothenberger

UPSLA!

Kann ja mal passieren

BAESCHLIN

HIRO HOPPALA

Letzte Nacht ist Hiro Hoppala etwas Dummes passiert. Irgendwie hat er es geschafft, sich im Schlaf so zu drehen, dass er nun verkehrt im Bett erwacht.
Noch im Halbschlaf steigt er aus dem Bett und merkt dabei gar nicht, dass heute etwas anders ist als sonst.
Verträumt schlurft er Richtung Kühlschrank.

Hiro öffnet den Schrank und greift nach dem Erstbesten, was ihm in die Finger kommt. «Wieso ist denn die Milch heute so zähflüssig und wieso sind die Cornflakes so holzig und hart? Seltsam.»
Endlich merkt Hiro, was los ist.

«Igitt, wie eklig, ich habe Holzdübel und Weissleim in meine Schüssel gekippt! Wie das klebt!»
Da Hiro sein Bett heute auf der anderen Seite verlassen hat, steht er nun nicht in der Küche, sondern in seiner Werkstatt.
«Wieso müssen die sich auch so zum Verwechseln ähnlich sehen?», murmelt er.

«Naja, kann ja mal vorkommen»,
denkt Hiro und kleidet sich an.
Dabei fällt sein Blick auf den Kalender.

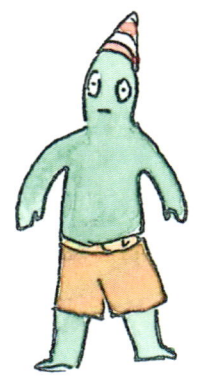   

Oh, heute ist ja Torsten Trampels Geburtstag!
Hiro blickt auf das Gemälde, das er Torsten schenken will.
«Wie soll ich das nur zu Torsten bringen?», fragt sich Hiro.
Mit dem riesigen Bild über dem Kopf saust er durch
den Garten hinunter bis zur Strasse …

«Ups!»

VEA WARR

In letzter Sekunde kann Vea Warr mit einem Tentakel auf die Bremse treten und mit dem anderen das Lenkrad herumreissen. Sie hat Hiro wirklich nicht kommen sehen!

«Da hast du aber Glück gehabt», meint ihr Mann Vito, als sich der Wirbel im Aquariummobil gelegt hat. «Kein Wunder, bist du abgelenkt! Du steuerst mit einem Tentakel, mit einem andern kümmerst du dich um die Kinder und mit dem dritten Tentakel willst du mir gleichzeitig etwas zeigen. Du musst lernen, eines nach dem andern zu tun.»
Damit hat ihr Mann gar nicht so unrecht.
Schon des Öfteren hat Vea komplett den Überblick über ihre Aufgaben verloren und sich deshalb grauenhaft verheddert und verknotet. Einmal dauerte es ganze drei Stunden, bis sie sich mit Hilfe ihrer Familie wieder entwirrt hatte.

Vea hält an und guckt aus dem Fenster. «Oh! Ein Malergeschäft?»
Drinnen setzt Vito seine Frau auf einen Stuhl und verbindet ihr die Augen.

«Hihi, das kitzelt!» Und wie kalt das ist! Was soll denn das werden?»
Vito lacht und fährt fort, ohne etwas zu verraten.
«Bist du fertig?», fragt Vea aufgeregt. «Ja», antwortet Vito
und nimmt ihr die Augenbinde ab. Da mustert Vea
verblüfft ihre Tentakel.
«Weshalb sind sie bunt?», fragt sie etwas verwirrt.
«Es ist ganz einfach», erklärt er stolz. Damit deine Tentakel
nicht mehr durcheinandergeraten, habe ich sie dir verschieden-
farbig angemalt. Jedes Tentakelpaar hat eine eigene
Farbe und ist für eine andere Aufgabe zuständig.»
Vea ist begeistert.
Zum Dank gibt sie ihrem Mann einen dicken Kuss.
«Oh, jetzt muss ich aber los! Torstens Geburtstagsparty
fängt bald an!»

Hiro Hoppala muss kurz verschnaufen. «Puh, das ist ja gerade noch mal gut gegangen mit dem Aquariummobil. Jetzt muss ich aber schleunigst weiter», denkt er. Schneller, immer schneller rennt er den Hügel hinunter. «Aber was ist denn das?» Hiro kann plötzlich den Boden unter seinen Füssen nicht mehr spüren. Er hebt ab und segelt über die Strassen der Stadt.

«Ich kann fliegen!», jubelt er.
In der Luft hat man freie Fahrt und beste Aussicht.
Wie viele Leute heute wieder unterwegs sind!
Auch Torstens Haus ist nun gut sichtbar.

Da spürt er einen Wassertropfen auf seiner Nasenspitze.
Dann noch einen auf dem linken Knöchel, und bald regnet es
in vollen Strömen. Zu Hiros Glück lässt dafür der Wind nach
und schon segelt er hinunter auf die lebhaften Strassen von Upsla.

«**Perfekt!**», denkt Hiro und macht sich bereit zur Landung.

Wieder sicher auf dem Boden muss Hiro leider feststellen,
dass der Regen das Bild etwas beschädigt hat.
«Aber eigentlich ist Torsten noch gut zu erkennen», findet er.
«Und die zerlaufene Farbe sieht doch irgendwie
ganz kunstvoll aus.»
Damit das Bild aber keinen tatsächlichen
Schaden nimmt, geht Hiro auf
direktem Weg zu Torsten.

Hiro klingelt zweimal, so wie er es immer tut.
Aber es ist nicht Torsten, sondern Kolina,
die aus dem Fenster schaut.

«**Ups,** da habe ich wohl den falschen Knopf gedrückt»,
entschuldigt sich Hiro.
«Keine Ursache», meint Kolina mit breitem Grinsen.
«Torsten verspätet sich. Er ist noch in seinem Laden.
Geh ruhig schon hin, ich komme nach,
sobald ich fertig bin.»

KOLINA VAN KLECKS

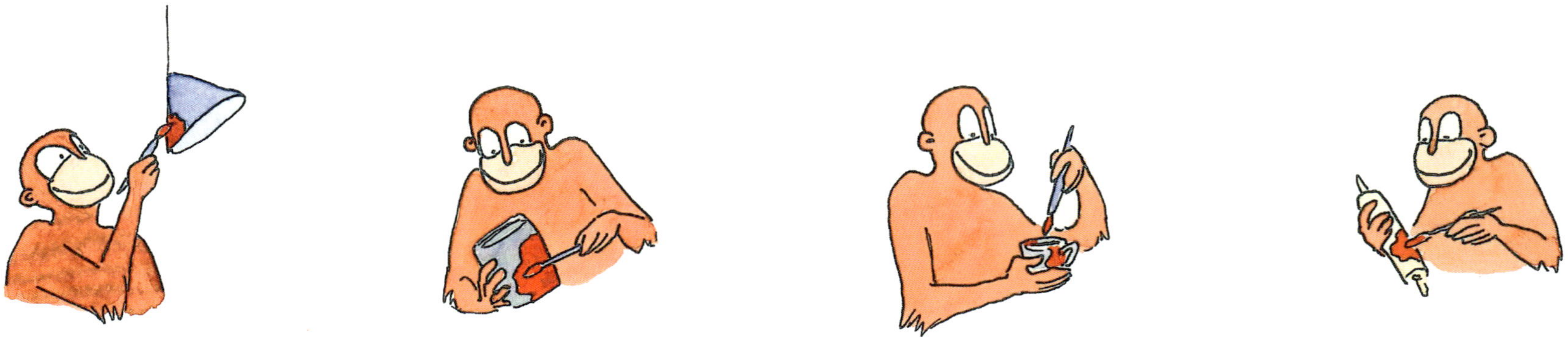

Kolina schliesst das Fenster und dreht sich um.
Ihr ganzes Zimmer ist rot.
Das ist eigentlich nichts Spezielles. Immer wenn sie malt und pinselt, geht die Farbe über den Papierrand hinaus und landet an den unmöglichsten Stellen.
Dann zuckt Kolina jeweils kurz mit den Schultern und malt auch den bekleckten Gegenstand an.
Dies wiederholt sich allerdings so lange, bis irgendwann ihr ganzes Zimmer dieselbe Farbe hat. Nun würde es wohl bald gelb wie die Krone leuchten.

«Oh nein!» denkt sie. «Gelb will ich mein Zimmer also wirklich nicht haben! Dann muss ich dauernd an saure Zitronen denken! Jetzt muss ich mir wirklich etwas einfallen lassen.»

«Was könnte ich denn unternehmen, damit die Farbe
nicht immer überall hingerät?», fragt sich Kolina.
Ihr Blick fällt auf eine Schachtel, die in der Ecke steht.
Darin ist heute Morgen ihr neues Trampolin geliefert worden.
Da passt sie hervorragend selbst hinein!
«Wenn ich einfach jedes Mal in die Kiste springe,
wenn ich etwas anmalen möchte, bleibt mein Zimmer
schön klecksfrei!»
Kolina lächelt: »Ach wie farbig mein Zimmer sein wird!
Die Kommode mach ich rosa, das Sofa gelb und
oh den schönen Tisch dort male ich lila!»
Bald hätte sie eines der buntesten Zimmer überhaupt.

«Toll!»

«Zuerst muss ich aber Torstens Krone fertigmachen.
Freundschaft hat Vorrang!»

TORSTEN TRAMPEL

 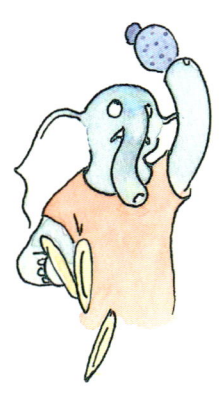 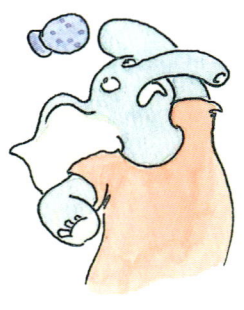 

Torsten Trampels Porzellanladen ist bis zur Decke gefüllt mit den schönsten Tässchen und Tellern, Kannen und Krügen und was es sonst noch alles aus Porzellan gibt.
Nur leider ist Torsten der wohl ungeschickteste und deshalb wohl auch unglücklichste Elefant der ganzen Stadt. Kein Stück Porzellan kann er halten, ohne nicht mindestens eine Ecke abzubrechen oder es gleich ganz zu zerstören.

Torsten ist ratlos:
«Was kann ich nur machen,
damit nicht immer alles kaputt geht?»
Zum Glück hat seine Familie eine Idee ...

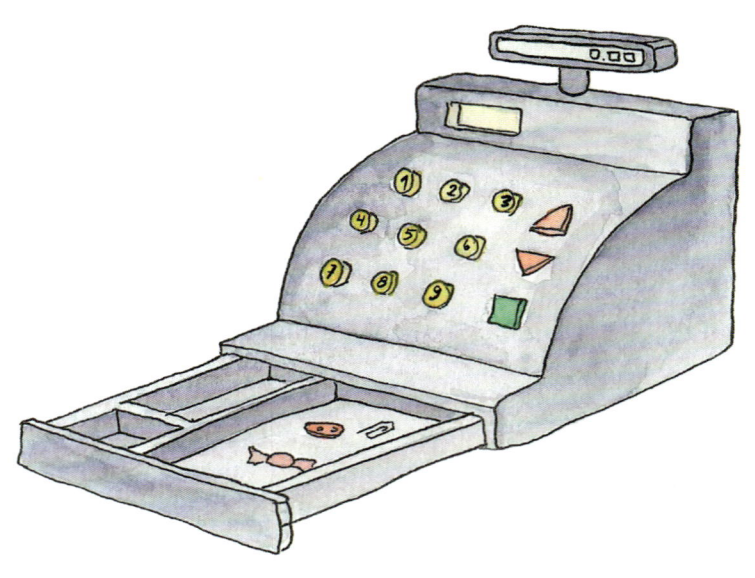

«Nanu, was war denn das?», wundert sich der Elefant, als er nach seiner Mittagspause die Ladentür aufschliesst und auf etwas Weiches tritt. Es fühlt sich an, als würde man auf Wolken schreiten!

 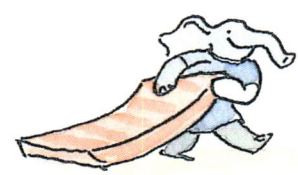 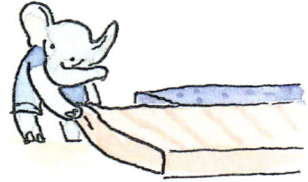 

Da entdeckt Torsten seine Eltern und Geschwister:

«Tarratatataaa! Alles Gute zum Geburtstag!»

«Wir haben in der ganzen Nachbarschaft Matratzen gesammelt und sie im Laden ausgelegt», trötet seine Schwester. «Gefällt es dir?»
Torsten ist so glücklich, dass er kaum sprechen kann.
Er nickt mit dem Kopf und gibt allen eine dicke Umarmung.
«Dankeschön!»
Zur Feier des Tages lädt er seine Familie zum Tee ein.
Und tatsächlich: Die Tasse, die er dabei fallen lässt, bleibt unversehrt!
Nach einem komplett scherbenfreien Nachmittag verabschiedet sich Torsten von seiner Familie.

Er öffnet die Ladentüre und ...

«Überraschung!»

Torstens Freunde warten bereits im bunt geschmückten Garten.
«Was macht ihr denn hier?», fragt Torsten begeistert.
«Ich habe euch doch zu mir nach Hause eingeladen.»
«Naja, weil du noch nicht da warst, dachten wir,
wir kommen einfach zu dir in den Laden», erklärt Hiro.
«Vea hat einen unglaublich gut duftenden Kuchen
mitgebracht und Hiro ein ganz persönliches Bild von dir,
das du unbedingt ausstellen solltest. Ah, und die
Geburtstagskrone, die ist von mir», berichtet Kolina stolz.

«Ihr seid grossartig und die besten Freunde, die sich
ein Elefant nur wünschen kann. Was für ein schöner Tag!
Nun kann das Fest beginnen.»

Es wird gegessen und getrunken, bis die Bäuche voll sind.
Gesungen und getanzt, bis es den ersten schwindlig wird.
Geplaudert und gelacht, bis die Sterne zu sehen sind
und der Mond aufgeht.

Zuhause angekommen, lässt sich Hiro gleich ins Bett fallen.
Ist das wieder ein chaotischer Tag gewesen!
Aber zu guter Letzt ist ja doch alles gut geworden.

Hiro schmunzelt:

«Was auch immer morgen kommen mag, ich werde mir den Spass nicht verderben lassen.»

Mit diesem Gedanken schliesst Hiro die Augen
und taucht ab in seine Träume.

Ein grosses Dankeschön an:
Alfred Steiner
Corinne und Andri Pedotti
Eliane und Urs Heer
Fritz Schoch
Martin Rothenberger
René Hofstetter
Scuntrada Ftan
Simon Hubler
Valentin und Ursina Jost-Pedotti
Vreni Buser
alle Crowdfunding-Freunde

Unterstützt durch:
Gemeinde Glarus Nord
Glarner Gemeinnützige
Kamm-Bartel-Stiftung
Kanton Glarus Kulturförderung
Kanton Schwyz Kulturförderung
Stiftung für ein lebendiges Niederurnen

Wir sind drei Cousinen, die zusammen zeichnen, seit wir Papier und Stift benutzen können. Die Zeit, die wir zusammen im familieneigenen Klöntal-Häuschen verbringen durften, hat uns besonders zusammengeschweisst. Stundenlang sassen wir am weissen Gartentisch und haben gekritzelt. Frei von digitaler Ablenkung waren wir immer am kreativsten, und mit den Jahren wurden aus der Freude eine Leidenschaft und aus dem Kritzeln tatsächliche Bilder.

Die Geschichte von Hiro und seinen Freunden begann im Frühling 2017, und ein Grossteil der Illustrationen entstand an demselben kleinen Gartentisch. Durch Carlas räumliches Vorstellungsvermögen als gelernte Hochbauzeichnerin entstand die Stadt Upsla, Sarahs Studium der Trickfilmanimation brachte die Figuren zum Leben, und die selbsterklärte Aquarell- und Farbexpertin Janice brachte Farbe in die Welt der Freunde.

Mit «UPSLA!, kann ja mal passieren» möchten wir zeigen, dass es für jedes Problem eine kreative Lösung gibt und dass Anderssein nichts Schlechtes ist. Wir möchten dich dazu ermutigen, so zu sein wie du bist, denn das ist es, was das Leben bunt macht.

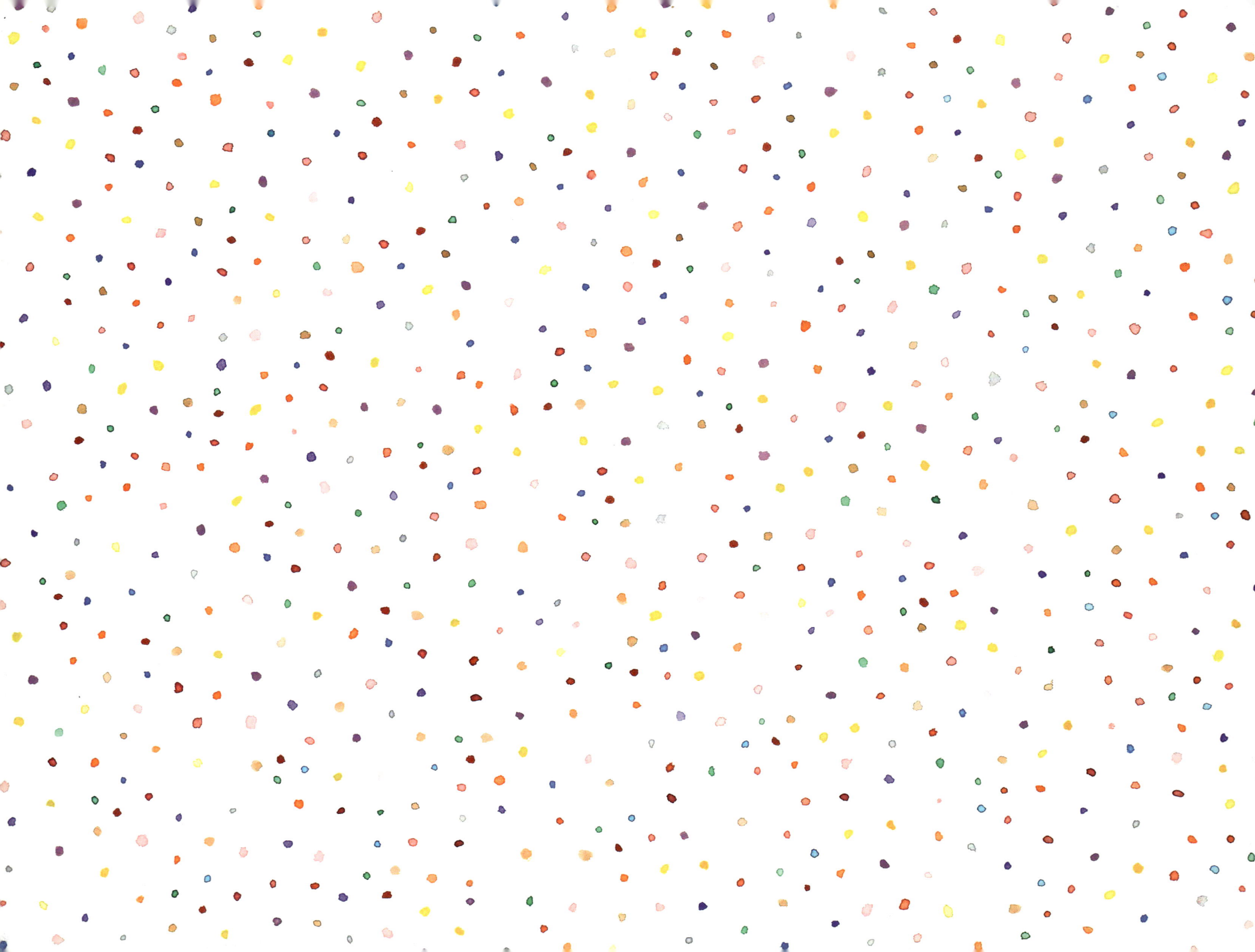